学汉语分级读物

Niè Xiǎoqiàn
聂小倩

第1级

民间故事

陈贤纯 编著

北京语言大学出版社
BEIJING LANGUAGE AND CULTURE
UNIVERSITY PRESS

千百年来，

中国民间流传着很多有意思的故事，

它们让中国的文学和文化更加生动、多彩！

编写说明

这是什么书？

这是为学汉语的人写的、课外读的书，有民间故事、文学故事、历史故事三个部分，一共有 50 本。

谁读这些书呢？

第一，学汉语的外国人。第二，生活在海外的华人子女。第三，中国国内学汉语的少数民族学生，甚至包括中国的小学生。

这些书有意思吗？难不难？

1. 这些书讲的故事很有意思，有很多中国文化的内容。你们在学习汉语的同时，也能了解中国文化。

2. 故事很容易懂。

我们把这些书分为三个等级：

级别	内容	册数	汉字量
第 1 级	民间故事	10 本	500 字
第 2 级	文学故事	20 本	800 字
第 3 级	历史故事	20 本	1200 字

第 1 级是最容易的，10 本书都是中国的民间故事。只要认识 500 个最常用的字，不用查词典，就能轻松读懂这 10 本书。

第 2 级有 20 本书，都是中国古代最有名的小说，认识 800 个汉字的人可以读懂。小说本来是很难的，可是我们讲得很简单、很容易懂。

第 3 级也有 20 本，认识 1200 个汉字的人可以读懂。这里讲的历史故事发生在 2000 多年前。为什么给你们看过去的故事？因为文化是从过去来的，看看 2000 多年前的故事，才能真正知道中国人现在为什么这样想、为什么这样做。

每一本书都只有很少的字比较难，这些字有拼音、有插图、有说明，可以帮助你们读懂。

3. 每一本书都只有 2~3 万字，很快就可以读完一本，阅读会成为一件轻松、快乐的事。

4. 这套书一共有 50 本，很多，内容很丰富。如果读完这 50 本书，你们不但能了解中国文化，而且再也不会觉得中文难读懂了。

怎么样？快打开书，读一读这些有意思的故事吧！

主要人物

Nìng Cǎichén
宁采臣

一个年轻的读书人。

Yān Chìxiá
燕赤霞

一个抓吸血鬼的年轻人。

Niè Xiǎoqiàn
聂小倩

一个年轻的女鬼，后来变成了人。

故事简介

聂小倩是一个漂亮的女鬼，十八岁的时候就死了。吸血鬼强迫她去害人，她过着非常痛苦的日子。后来一个书生宁采臣救了她，把她带到了自己的家乡。聂小倩到了宁采臣家以后，渐渐地变成了人，并且跟宁采臣结了婚。后来吸血鬼又找来了，在燕赤霞的帮助下，他们终于杀死了吸血鬼。

目 录

聂小倩（Niè Xiǎoqiàn）的故事（gùshi）是一个鬼（guǐ）故事，选（xuǎn）自《聊斋志异（Liáozhāi Zhìyì）》。

写书的人叫蒲松龄（Pú Sōnglíng）（1640 ~ 1715），是清代（Qīngdài）小说家。

“聊（liáo）”是聊天的意思，没有事的时候大家在一起说说话。“斋（zhāi）”是书房。“聊斋”是蒲松龄书房的名字。“志（zhì）”是写下来的意思。“异（yì）”是奇怪、跟平常不一样的意思。“聊斋志异”的意思是：在“聊斋”这个书房里写下来的奇怪故事。

《聊斋志异》全书共有491个故事。有很多狐狸（húli）和鬼的故事。故事中的狐狸是狐狸精（húlijīng），会变成人，她们大多数是年轻漂亮的女孩子。书中的鬼，大多数也是年轻漂亮的女鬼。

狐狸 húli

不管是狐狸精还是女鬼，她们都有人的感情，她们跟人一样希望有美好的爱情。在书中，狐狸精跟人、

故事 gùshi 一件事怎么样开始，后来怎么样了等等。
鬼 guǐ 古人说，人死了以后就会变成鬼。
选 xuǎn 从很多的里面找出想要的那个。
清代 Qīngdài 中国古代最后一个朝代，公元1616 ~ 1911年。
狐狸精 húlijīng 会变成漂亮女人的狐狸。

女鬼跟人、人跟人之间的爱情，都有动人的故事。

这些故事当然都不是真的，只是借狐狸和鬼来写人。

《聊斋志异》中也有一些恶鬼（ègui），这些恶鬼很坏，为害人间。

蒲松龄喜欢民间故事，听说为了写这本书，他在家门口开了一家茶馆（cháguǎn），请过往的路人喝茶。如果喝茶的人给他讲故事，就可以不给茶钱。他把这些故事写下来以后再经过加工，写到书里面去，写成了《聊斋志异》。

《聂小倩》就是书里的一个故事。

恶鬼　ègui　很坏的鬼。

茶馆　cháguǎn　供人们喝茶的小店。

Nìng Cǎichén
宁采臣

在浙江（Zhèjiāng）杭州（Hángzhōu）西边不远，富春江（Fùchūn Jiāng）边上有一个地方叫富阳（Fùyáng）。这是一个有山有水、很漂亮的地方。

明代（1368～1644）的时候，富阳有一个年轻的读书人叫宁采臣（Nìng Cǎichén）。读书人就是上学的人。那时候的人上学是为了考试（kǎo shì），考试考上了就可以当官（guān）。

宁采臣二十岁以前就已经考上了秀才（xiùcai），前年又考上了举人（jǔrén）。考上举人以后才能考进士（jìnshì），一般要在考上进士以后才能做官。所以宁采臣读书很努力，他觉得自己一定能考上进士。

宁采臣的家在城外，离城里不远。他家里总共只有三个人，除了他自己以外，还有母亲和妻子。他的父亲前几年已经不在了。

宁采臣的家里原来比较有钱，父亲做过官，但是因为父亲死得早，所以现在家里已经不如从前那么有钱了。

宁采臣的妻子身体很不好，跟宁采臣成亲以后不久就生了病，躺在床上，已经两年了。请城里的大夫和杭州的大夫都来看过，吃了很多药，可是仍然不见

考试 kǎo shì 学习完了，就要考试。看一看学得怎么样。古代的时候，考上了可以当官。

官 guān 为国家、政府做事的人，管老百姓的人。

秀才 xiùcai **举人** jǔrén **进士** jìnshì
是古代考试的三个等级，考上进士就可以当官。

好转。一家人心里很着急，可是谁都没有办法。

有一天，宁采臣听说金华（Jīnhuá）有一个老医生很高明，就决定去请这个老医生来给妻子看看。

古代的时候是没有医院（yīyuàn）的，医生平时就在自己的药店里，病人可以到药店去看病。如果病人的病很重，来不了，医生也常常出去，到病人家里去看病。

金华在富阳西边，离富阳有三百多里路，路虽然很远，但是可以坐船（chuán）。

从富阳上船，往西走，就可以到金华。去的时候，因为水往东流，船往西走，所以船走得很慢，需要两三天时间。但是回来的时候，船也往东走，船跟水流的方向一样了，就走得快了，一天一夜时间就能到。

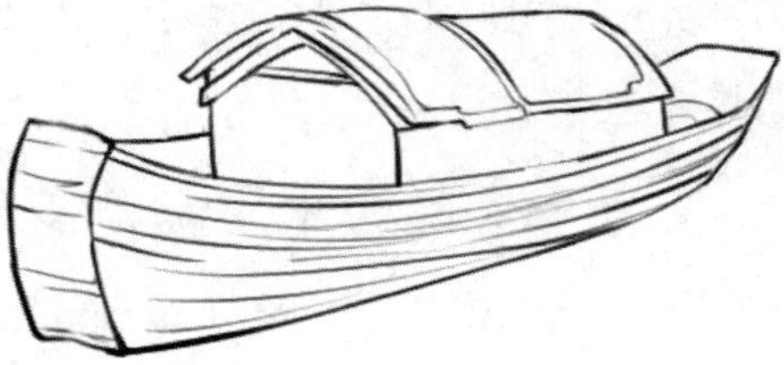

古代的木船 chuán

宁采臣坐了三天船到了金华。他先去找那老医生，可是老医生不在，到外地去看病了，要几天以后才能回来。宁采臣没有办法，只好在金华找客（kè）店，住下来等。

宁采臣到客店一看，客店里住满（mǎn）了人，都

金华 Jīnhuá 中国南方的一个城市。
医院 yīyuàn 病人看病的地方。
住满 zhù mǎn 每个房间都住了人，没有空房间了。

是年轻的读书人。一打听才知道，这几天正是金华当地考试的日子，考秀才。所以城里的客店都住满了考生，这时候客店的价钱（jiàqián）比平时贵了很多。

宁采臣心里想，这时候住客店太贵，要白白多花很多钱。所以他走出城来，往城外走。

他要去哪里？

他想去找一个寺院（sìyuàn）。

在中国不管南方还是北方，都可以见到寺院。寺院是佛教（Fójiào）修行（xiūxíng）的地方，需要清静，所以多数寺院都在比较远、人少的地方。

每个寺院的中间都是高大的房屋，这就是大殿（dàdiàn），大殿里有高大的佛像（fóxiàng）。

离开家在寺院修行的出家人叫和尚（héshang）。

有时候在家修行的人也会去寺院，所以不少寺院都有客房。寺院的客房一般都很便宜（piányi），有的还可能不要钱。所

和尚 héshang

价钱　jiàqián　住房或买东西，要收多少钱。
修行　xiūxíng　学习佛的话，努力去那样做。
便宜　piányi　不贵。

以那时候家里没有钱的读书人，外出的时候都喜欢住在寺院里。

宁采臣向当地人打听哪儿有寺院。有一个人说："城北有一个宝光寺（Bǎoguāng Sì）。"可是他接着说，"宝光寺现在已经没有和尚了。"

宁采臣心里想，我只要找一个住的地方，有没有和尚都没有关系。

于是他很快地往城北走去，果然找到了宝光寺。

这地方水清山美，远离城里，非常静，是一个修行的好地方。

寺院的大门开着，大门的上方有"宝光寺"三个字。

这座寺院的房屋虽然已经旧了，但是还比较干净。院子（yuànzi）里长了很高的草，很多地方的草比人还高。看起来，这个寺院真的很久没有人住了。

宁采臣走进寺院，看了看四面。没有和尚，也没有别的人，静悄悄的。

大殿前有两棵大树，西边有一片（piàn）竹林（zhúlín），绿绿的，长得很好。

竹林 zhúlín

院子　yuànzi　走进大门以后，里面的空地。

宝光寺

寺院东西两边一般是和尚们住的地方。宁采臣走过去，一边走一边大声问道："有人吗？"

没有人回答。

两边的房间门都没有锁（suǒ），有的开着门。宁采臣往屋里看，里面是空的，没有人住。只有东边一间屋子的门上有一把新锁。这就是说，这个屋子住着人。谁说这寺院没有人住！

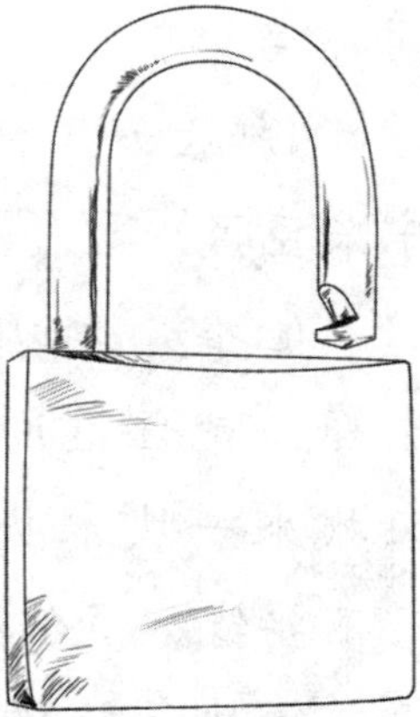

锁 suǒ

"有人吗？"宁采臣又大声地问。

还是没有人回答。

寺院里的人可能出去了。于是宁采臣在院子里一边走，一边看，等着寺院里的人回来。

快到晚上的时候，从寺院外边走进来一个人，走向那间锁着门的房间。这人不是和尚，因为和尚是没有头发的，穿的衣服跟一般的人也不一样，一看就能看出来。这个人穿着长衣，戴（dài）着帽子（màozi），像是一个读书人。

宁采臣赶紧走上前去，问道："先生，您是这里的房主吗？我可不可以在这里住几天？"

那人抬起头来，看着宁采臣，没有马上回答。上

戴　dài　把东西放在头、胸、胳膊等地方上。
帽子　màozi　戴在头上挡风、挡雨、保暖的东西。

下看了一会儿，然后说："这里没有房主，我也是在这里借住的。你要是不害怕，就住在这里好了，这些房间都空着。"

"那太好了，有您在这儿，我早晚都能向您请教。"宁采臣说。

他推开旁边那间房子的门。一看，房间里还比较干净，就住这间好了。他找来一些干草，放在床上。又找来一块木头当桌子。宁采臣很高兴，这里不错，又不要钱，多住些日子也不怕。

很快天就黑了，不过这一天晚上有月亮。宁采臣看到旁边房间的那个书生，坐在大殿外边，就也走了出去，想跟他聊一会儿天。

宁采臣做过自我介绍（jièshào）以后，那书生说："我姓燕（Yān），字赤霞（Chìxiá）。"

他没有说他的名。古时候"名"和"字"是不一样的，读书人除了有"名"以外还有"字"。"名"是生下来的时候父母起的，"字"是上学以后起的。他说"字赤霞"。"赤霞"是他的字，不是他的名。那时候别人一般都叫对方的"字"。"名"一般是不叫的。

那燕赤霞看起来有三十岁了，比宁采臣大。宁采臣原来以为他是来考秀才的，可是听他的口音，不像

介绍　jièshào　告诉别人是怎么回事。"自我介绍"就是告诉别人自己叫什么名字。

浙江（Zhèjiāng）人。于是就问道：

“燕兄（xiōng）是哪里人？”

燕赤霞说：“我是陕西（Shǎnxī）人。”

那时候除了做官的、做生意的人以外，一般的人很少到外地去，所以难得见到一个外地人。

宁采臣对人友好，喜欢结交朋友，于是就说：“陕西是好地方啊。”

燕赤霞说：“宁兄去过陕西吗？”

宁采臣说：“没有，路那么远哪里去得了，只是在书上常常读到。”

燕赤霞说：“宁兄是哪里人？”

宁采臣说：“我不是金华人，不过我也是浙江人。我家在东边的富阳，离这儿有三百多里路。”

燕赤霞说：“我知道富阳，那儿离杭州不远。”

宁采臣说：“看来燕兄去过很多地方。”

燕赤霞说：“我只是喜欢到处走走，到处看看。”

宁采臣说：“听人说关中陕西有一些了不起的人，果然是这样呀。”

燕赤霞赶紧说：“哪里哪里。浙江这地方水清山美（měi），是个出人才的地方。”

兄 xiōng 哥哥。“燕兄”“宁兄”是古代对人客气的叫法。
陕西 Shǎnxī 中国的一个省。
美 měi 好看，漂亮。

宁采臣说："我觉得这个地方很不错，可是好好一个寺院不知为什么就没有和尚了呢？"

燕赤霞说："宁兄，我跟你说，这个地方不太平，不能住人。不过，我看你一脸正气，住一个晚上应该不要紧。虽然是这样，晚上你也要小心。"

"好，多谢你的关心。"宁采臣说。可是，他没太明白燕赤霞的意思。

宁采臣很喜欢燕赤霞那样的人。这两个人很合得来，聊天聊得很高兴。看看已经很晚了，两个人才分别回到自己的房间去睡觉。

那燕赤霞当然不是来考试的，他是来干什么的呢？

第一次见面，宁采臣不好问得太多。他觉得这燕赤霞不是一般人。

半夜里的女人

躺下以后，宁采臣睡不着。因为在一个新的地方睡觉，觉得很不习惯。再说这床上的干草有些高低不平，他也觉得不舒服（shūfu）。

忽然，他听到寺院外边有人说话的声音。那声音在离东边的窗外不远的地方，声音虽然很小，但是能清清楚楚地听出来是两个女人在说话。

这些屋子东西两边都有窗户，西边的窗户对着寺院的院子，东边的窗户对着寺院外边。东边的窗户因为对着外边，所以比较高，比较小，是石头（shítou）的，外边的人很难从窗户爬进来。

石头 shítou 的窗户

宁采臣觉得奇怪。这地方白天没有人，半夜三更怎么来了人？还是两个女人！她们怎么会在半夜三更来到这么静的地方呢？

想到这里，他悄悄地从床上爬起来，站在床上，从窗口往外看。

月亮很好，他看到外边果然有两个人，一个好像四十多岁的女人，还有一个老太太。

不舒服 bù shūfu 感觉不好。

那女人说："小倩（qiàn）怎么还不来？她可能不来了吧。"

老太太说："她一定会来。"

"为什么？"

"她要是不来，主人会把她压（yā）在石头底下。她被压过几回，知道那有多么痛苦（tòngkǔ）。"

"为什么一定要她去？别的姑娘不是也可以吗？"

"必须找一个漂亮一点的呀，这里的姑娘就数她长得漂亮，长得像画儿上画的。"

她们正说着话，又来了一个人，是个女孩。

"你看，她不是来了吗！"

那老太太对那女孩儿说："主人让你做的事，你知道吗？"

"知道。"那女孩儿低声说。

"那就快去吧，主人马上就来。"

那女孩儿转过身来就不见了。

宁采臣觉得奇怪，那个主人是谁？半夜三更叫那女孩去做什么？再一想，人家的事管那么多干什么！我还是睡觉吧。

他回到床上，又过了一会儿，好容易快要睡着了。

忽然他觉得房间里有动静，好像有人进了他的

压　yā　把一件重的东西放在另一件东西上面。

痛苦　tòngkǔ　感到非常非常疼，非常非常难受。

房间。可是，门是从里面锁上的，外面的人怎么能进来呢？

这么一想，他一下子惊醒了。赶快坐了起来，把蜡烛（làzhú）点着了。

蜡烛是燕赤霞给他的。晚上睡觉前，燕赤霞特意拿过来蜡烛说，有了蜡烛晚上比较方便（fāngbiàn）。现在果然用上了。

“谁？”宁采臣一边问，一边抬起头来看。

没有人回答，但是宁采臣看到门那儿站着一个人。这是一个年轻的姑娘，好像就是刚才看到的窗外的那个姑娘。宁采臣吃了一惊。

“你是什么人？来干什么？”宁采臣问。

“先生，我想找个地方睡觉。”那女孩说。

“旁边的房间都空着，你到我的房间来干什么？”宁采臣说。

他看看这个女孩，她十七八岁的样子，长得非常漂亮。可是她为什么半夜三更到一个男人的房间来？他觉得这女孩不是好人。

“一个人睡觉我害怕。我睡在你这儿行不行？”女孩说。

“不行。”宁采臣说。

方便　fāngbiàn　做起来没什么困难的地方。

宁采臣从小是一个非常正派的人，像这种跟不认识(rènshi)的女人睡觉的事他决不会干。除了跟自己的妻子，他决不会跟别的女人睡觉。他也非常看不起那些乱搞男女关系的人，他觉得那些人都很蠢（chǔn）。

那女孩站在那里没有动。

“怎么还不走？快走开！”宁采臣说。

“让我睡在这里吧，夜里没有人知道的。”那女孩儿说。

“怎么会没有人知道？你自己就知道，这么干很不要脸。”

那女孩还想说什么，宁采臣站起来喊道：“快走，要不然我就喊燕先生了。”

女孩一听这话，有些害怕，只好打开门走了。刚走出门，又转过身来，把一样东西放在桌子上。那是一大块金子（jīnzi）。

宁采臣一看就来了气，拿起那金子就往外扔，把它扔到了院子里。

他生气地说：“拿这种不明不白的金子，脏（zāng）了我的口袋。”

那女孩捡起金子走了，说道：“这个男人真是跟别人不一样。”

认识　rènshi　知道他是谁，是做什么的。

蠢　chǔn　很笨，不聪明。

宁采臣为什么不要那金子？因为他知道，这一定是坏人想害他。谁会这么好，白白送给你金子？

如果拿了这样的东西，就会上别人的当。所以他决不会上这个当。要是拿了这种钱，以后肯定会有麻烦。要是跟这样的女人有了关系，以后也会有麻烦。

这个世界（shìjiè）上什么人都有，什么事都有。不管遇到什么事情，不管遇到什么人，只要自己一身正气，不做不好的事，就能够远离麻烦。

宁采臣锁上门，又回到床上。可是，他心里还在生气，半夜三更怎么会有这种事？不过，这么一来，他觉得累了，所以不久就睡着了。

wáng

奇怪的死亡

第二天，宁采臣醒来的时候，天已经大亮，太阳已经很高了。他走出门去，在院子里走了一会儿。寺院还跟昨天一样，静悄悄的，没有一个人。燕赤霞住的屋子锁着门，他一定早就起床出门去了。

宁采臣没有什么事情要做。吃了一点东西以后，就拿出书来，坐在大殿前读起书来。

到了太阳快下山的时候，外边来了两个人。走在前边的那个年轻人，穿着长衣，戴着帽子，一看就知道是个读书人。走在后边的那个穿着短（duǎn）衣，拿着一些行李（xíngli），当然是一个仆人（púrén）。

这两个人进了寺门，站着看了看。那读书人说："这就是宝光寺？可是这里草长得比人还高，肯定是很久没住人了，我们怎么能住在这里？"

"可是城里的客店都住满了呀。找不到地方住，我们才上这儿的。"那仆人说，"我看看这里有没有人。"

"这里有人吗？"那仆人喊道。他们两个都没有看见坐在大殿前的宁采臣。

宁采臣站了起来，走上前去，说："你们是来借住的么？"

"这里的和尚呢？你是干什么的？"那年轻人很没礼貌（lǐmào）地问。

仆人　púrén　在有钱人家里干活，为主人服务的人。

对这种不懂礼貌的人，宁采臣虽然不太愿意接近，但是还是很和气地说："这寺院已经没有和尚。我也是昨天才来到这里借住的。"

"是这样。这里有地方住吗？"那书生问。

"东西两边的房间都空着，都可以住。"宁采臣说。

"那好，去那边看看。"那书生对仆人说。仆人拿着行李走向了西边的房间。

宁采臣又回到大殿前看书。过了一会儿就听那仆人说："少爷（shàoye），您进来看看吧。"

"房间虽然空着，可是里面没有床，怎么能住人？"书生说。

"我到别的房间看看有没有床。"那仆人说。

不一会儿他就回来了，说："也没有床，不过那儿有几块木板（mùbǎn），我可以拿过来，给您做床。"

"唉（ài），想不到要住这样的地方。"

"要是早几天来就好了。"仆人说。

"谁知道今年来考试的人那么多呀！"书生说。

宁采臣听出来了，那书生是来考试的，看来他不是第一次来考秀才，以前一定也来考过，没考上，所以今年又来了。

"少爷，出门在外，当然比不了家里呀，我们就在

少爷　shàoye　仆人叫主人的儿子"少爷"。

这儿住几天吧。”那仆人一边忙着搬木板，一边说。

那两个人里里外外地忙着，不时地说着话。

天渐渐地黑了下来。宁采臣回到了自己的房间，吃了一些东西。这一天他没有看见燕赤霞，觉得很没有意思。

晚上他睡得很好，这个晚上没有人进来。

早上天刚亮，宁采臣就醒了，起床以后他在院子里活动了一会儿身体。然后又走到外边，在寺院外看了看。寺院的东西两边都是草地，后边是一个墓地（mùdì）。他觉得奇怪，寺院跟墓地是不应该在同一个地方的。不知道这个地方是先有寺院，还是先有墓地。

回到寺院，他看到燕赤霞也从房间里出来了。两个人互相问了好，正说着话，忽然听见西面有敲门声，那仆人说：“少爷，起床吧。今天您不是要去看一个朋友吗？”

屋里的少爷没有回答。

“哦（ó），西面也住上了人？”燕赤霞说。

“昨天来了主仆两个人，城里的客店都住满了人，他们找不到地方住。”宁采臣说。

“起床吧，少爷。”那仆人又大声喊道。

屋里仍然没有动静。接着他加大了声音喊，用力

墓地 mùdì 人死了以后埋在墓地。

敲着门，可是里面还是没有动静。这仆人自己对自己说："这是怎么了？这么大声音都听不见！"

他用力推门，门从里面锁上了，推不开。没有办法，他只好回自己的房间。

过了一会儿，那仆人又出来敲门。可是里面还是没有动静。他觉得不对头，就爬上去，从在窗户上看。这一看，他惊叫起来。

那读书人躺在床上，一动也不动，脖子（bózi）上好像还有血（xiě），肯定是出了事。

听到惊叫声，宁采臣和燕赤霞都转过头去看。

那仆人用力打门，把门打开了，进去以后大哭起来。原来，那书生已经死了。

宁采臣和燕赤霞走过去看，那书生真的已经死了，他的脸像纸一样白，一点血色都没有，身上的血好像都没有了。

燕赤霞对那个仆人说："人已经死了，哭也没有用，赶快去报官（bào guān）吧。"

宁采臣觉得奇怪，门是从里面锁着的，外面的人进不去，他的血怎么会没有了呢？

那仆人站了起来，说："是谁杀死我家少爷的呢？"

脖子　bózi　人的头跟身体连接的地方。
血　xiě　人身体里流的红色液体。
报官　bào guān　去告诉官府。

这寺院里除了他自己跟少爷以外，就是眼前的这两个人了。是他们杀的人吗？不对呀，他们杀死了人为什么不逃走，还要在这儿看呢？再说少爷跟他们不认识（rènshi），他们为什么要杀人？虽然他想不明白，不过，这两个人怎么说都是有可能杀人的，不能让他们逃走了。

他心里想，要是自己去报官，这两个人说不定就会逃走。所以自己不能走，不过，真的应该马上报官。

于是他说："我得在这儿看着少爷，麻烦你们两位中谁去报一下官，另（lìng）一位留在这儿帮帮我。"

燕赤霞说："我知道官府（guānfǔ）在哪儿，我去吧。"说着他转身往外走，出了寺院向城里走去。

宁采臣走出那个房间，在大殿前坐了下来。他仍然想不明白，凶手（xiōngshǒu）是怎么进房间的呢？

忽然他想起来了，前天晚上自己的房门也是锁上的，可是那个女孩进去了。她是怎么进去的？这么说，一定是那女孩干的。可是她为什么要杀人呢？宁采臣还是想不明白。

那女孩走了，上哪儿去找她？看来别人一定会以为自己和燕赤霞杀了人。

另　lìng　两个中的第二个。
官府　guānfǔ　地方官工作的地方。
凶手　xiōngshǒu　杀人的人。

这里危险，不能住人

过了很长时间，燕赤霞带着两个官府里的人来了。一个是官，另一个好像是他的助手。

那个官一看这里住了好几个人，大吃一惊，问宁采臣道："你们几个人昨天晚上也是住在这里的吗？"

"是啊。我在这儿住了两个晚上了。"宁采臣说。

"住了两个晚上你还能活着？"那个官说。

"……"宁采臣不知道说什么好，难道住了两个晚上就不应该活着吗？

"我告诉你们吧，这个地方常常死人，已经死了十几个人了。"那个官说。

"我哪儿知道这儿有危险呀？"宁采臣说。

"门口不是有告示（gàoshi）吗？你们没有看见？"那个官说。

"什么告示？"昨天进来的时候宁采臣没有看见什么告示，今天出去看的时候也没有看见呀。

"官府的告示上写着：这里危险，不能住人。"那个官说。

"是吗？"宁采臣赶快到门口去看。

他仍然没有看见什么告示。不过，门旁边的墙上，有一块木板，上面好像有一些字，可是看不清写的是什么。难道这就是那告示吗？

告示　gàoshi　官府把要告诉老百姓的话写在纸上，让大家看。

这里危险
不能住人

那官也出来看，说就是这块木板。以前的告示是用纸写的，可是不久就没有了，后来就写在木板上。奇怪，这块木板写好刚一个月，怎么就看不清字了呢？

那个官看了看那读书人的脖子说："你们看，这里有个小洞（dòng），血是从这里被吸（xī）走的，别的地方都没有事。这情况（qíngkuàng）跟以前完全一样。"

"门从里面锁得好好的，凶手是怎么进去的呢？"那仆人说。

"就是这么奇怪，窗户上也没有人进出过，这就说明凶手进屋子不需要开门。"那个官说。

"有这样的事？"那仆人觉得很难相信。

"你觉得是谁干的？"宁采臣悄悄地问燕赤霞。

"是鬼。"燕赤霞肯定地说。

那个官看着仆人说："昨天晚上你就住在旁边的屋子里，你听见什么动静或看见什么没有？"

"没有啊，昨天我累了，一躺下就睡着了。什么也没听见。"仆人说。

"你听见什么了吗？"他问燕赤霞。

"我也什么都没听见。"燕赤霞说。

"你呢？"他问宁采臣。

洞　dòng　凹进去的地方。
吸　xī　把空气从外面吸到身体里，或用嘴把血吸出来。
情况　qíngkuàng　事情是怎么样的。

“昨天晚上我也没有听见什么。可是前天晚上我遇到了一些事。”宁采臣说。

“什么情况？”

“前天晚上我睡到半夜，忽然屋子里进来了一个人。我觉得很奇怪，睡觉以前我明明把门锁上了，这个人是怎么进来的呢？”于是宁采臣把前天晚上发生的事一五一十地全都说了出来。

“这就对了。你把她赶了出来，所以你还活着。他呢，受了美人和金子的骗，所以他死了。”那个官说。

“你说那女孩是什么人呢？她为什么要杀人？”宁采臣说。

“什么人？你说什么人不用开门，就能进人家锁着门的房间？”燕赤霞说。

“鬼！”那仆人害怕地说。

“怪不得呢，这一年多来这里死了十几个人，我们花了很大力气也找不到凶手。”那个官说。

那个官儿把宁采臣的话和那仆人的话都写了下来，然后对那仆人说：“快回家告诉你的东家，派人来把死人送回去吧。”

那仆人想，好好的一个人来考试，在这里不明不白地死了。他越想心里越难过，又大哭起来。

那个官肯定宁采臣和燕赤霞不是凶手。他对他们说：“你们也别住在这里了，这个地方太危险。虽然前两个晚上你们没有事，但是说不定今天晚上就有事了，谁知道呢？”

“可是城里的客店都住满了人，我们住哪儿去呀？”宁采臣说。

“要是我，就是去睡在马路边上，也不在这里住着。”那助手说。

那个官走到寺院门口，在那块木板上重新写上了“这里危险，不能住人。”写完以后，跟他的助手一起走了。

那个仆人锁上门，赶紧回家去了。他们的家离这儿虽然不远，但是今天肯定回不来。他那死去的少爷今天只能放在这儿了。

宁采臣问燕赤霞：“你走不走？”

燕赤霞说：“我在这儿住了十来天了，有鬼我也不怕。”

宁采臣也是胆子（dǎnzi）很大、一身正气的人，觉得没有那么可怕，所以他也不走。

胆子大　dǎnzi dà　碰到鬼不害怕。碰到事就害怕的人，就是胆子小。

Niè Xiǎoqiàn
聂小倩

下午，燕赤霞又出去了，宁采臣一个人在寺院里。

这个地方有鬼，西边的屋子里又躺着一个死人，一般的人肯定都会害怕得不得了，可是宁采臣没把鬼的事放在心上，他的胆子可真够大的。

天渐渐地黑了，燕赤霞还没有回来。宁采臣站起身来想回自己的房里。

晚风吹过来，竹林和院子里比人还高的草发出了沙（shā）沙的声音，好像那里面藏（cáng）着鬼，让人感到害怕。

宁采臣刚刚走进房间，正要关门，忽然觉得自己的跟前站着一个人，把他吓（xià）了一（yí）跳（tiào）。那时候天还没有完全黑下来，他一看，是前天晚上的那个女孩。看来她是一个鬼。

宁采臣说；"你又来找我做什么？"

那女孩儿说："先生，我见过的人多了，但是没有见过像你这样有正气的好人。我不敢骗你，我是鬼。我叫聂小倩，十八岁就病死了，埋（mái）在寺院的后边。"

宁采臣说："对面的那个书生是你杀的吗？"

聂小倩低声说："是。"

藏　cáng　放在一个别人看不见的地方，不让人看见。
吓一跳　xià yí tiào　因为忽然出现，使人害怕。
埋　mái　死了以后，在地里挖一个洞，把死人放进去，用土盖起来。

“你是怎么杀人的？”

“也是他自己不好，要跟我亲热，这时我就在他的脖子上扎（zhā）一个洞，他就没有了知觉，然后那个吸血鬼（xīxuèguǐ）就来吸他的血。”

“原来是这样啊！”宁采臣说。

“你知道那金子是什么吗？”聂小倩问。

“那不是金子吗？”宁采臣说。

“哪里是什么金子！那是一块死人的骨头（gǔtou）。你要是收下了，半夜里它就会变成一把刀子，扎破你的脖子。”聂小倩说。

那金子果然不是什么好东西。宁采臣现在更加明白了，做人应该有正气，不管什么时候，不应该做的事就不要去做，就是没有人知道也不行。

骨头 gǔtou

很多事情就是这样，你做这样的事，以为别人不知道，自己还心里高兴，可是危险离你已经越来越近了。

“你为什么要这么做？”宁采臣生气地说。

吸血鬼 xīxuèguǐ 吃别人血的鬼。吸：把水或空气吸到身体里。

聂小倩流着眼泪（yǎnlèi）说："我也不愿意去害人呀，我恨自己去做这样的事。可是我没有办法。"

"难道有人强迫（qiǎngpò）你去做吗？"

"是，两年前这个寺院后边来了一个吸血鬼，它强迫我去做这样的事。等那个人没有知觉以后，它就进去吸他的血。我要是不去，他就把我压在一块大石头底下，我的头就会非常非常疼。我已经被它压过好几回了。"

"它要吸血，为什么不自己去？要叫你去？"宁采臣问。

"它的样子非常可怕，一般的人一看到它就吓死了。死人的血流不出来，所以它就强迫我去。"聂小倩说。

宁采臣明白了，这个吸血鬼就是前天晚上他听到的那个"主人"。

听她这么一说，宁采臣有了同情心，说道："想不到你一个女孩子死了以后还要受这样的痛苦。"

聂小倩第一次听到别人同情的话，伤心（shāng xīn）得大哭起来。

宁采臣不知道该怎么办，他觉得自己帮不了她。

眼泪　yǎnlèi　哭的时候眼里流出来的水。
强迫　qiǎngpò　一定要别人去做，不做不行。
伤心　shāng xīn　心里很难过。

忽然聂小倩不哭了，说道："我只想着自己伤心，差点忘了我来找你做什么。"

"你找我做什么？"

"现在这个寺院里没有别人的血可吸，我又对你没办法，今天晚上这个吸血鬼一定会自己亲自来。你得赶快逃走呀。"

"我逃到哪儿去呢？"宁采臣也开始害怕起来。心里想，自己只是一个一般的人，对鬼一点办法也没有。

所以他决定赶快走。可是他忽然想起了什么，说："不对呀，我要是逃走了，那吸血鬼一定会去找住在旁边那个屋子的燕赤霞，要逃走也得叫他一起走呀。要不然等于是我害了他。"

"他是不要紧的。住在你旁边那个屋子的是一个奇人，鬼都怕他，连那个吸血鬼都不敢（gǎn）接近他。我们见了他都躲（duǒ）得远远的。"聂小倩说。

"是吗？怪不得呢，他在这儿住了十来天，一点事都没有。"宁采臣忽然明白了。

"这么晚了，你一定找不到地方住了。再说，你一上路，说不定那个吸血鬼就会赶上你，把你杀了。"

"对呀，那怎么办呢？"

"你不如住到燕赤霞的房间去，跟他住在一起就没

敢　gǎn　不害怕。不敢：害怕。
躲　duǒ　藏起来不让别人看见。

有危险。”聂小倩给他出主意。

“对，好主意。就这么办。”宁采臣忙去拿自己的东西。

“我得赶快走了，那吸血鬼要是知道我来找你，又会把我压到石头底下。”聂小倩慌慌忙忙地说。

“对，对。你快走。谢谢你来救我。”宁采臣转过身来，一看聂小倩已经不见了，就赶紧拿了东西去找燕赤霞。

Yān Chìxiá
燕赤霞

燕赤霞那间屋子的门仍然锁着，他还没有回来。

宁采臣心里想："啊呀，这么晚了，他怎么还不回来呢？要是吸血鬼比他先来，那自己就死定了。"

他在门口着急得不得了，不停地走过来又走过去。

正在他着急的时候，忽然碰到了一个人，原来是燕赤霞回来了。燕赤霞真的是一个奇人，他在院子里已经看到了，自己房间的门前有一个人走来走去。走近了一看才知道是宁采臣。

"宁兄，你在门口走来走去干什么？"燕赤霞说。

"啊呀，燕兄，你可回来了。快，快进你屋里再说吧。"

燕赤霞拿出钥匙（yàoshi）来，打开了门，两个人走进了房间，宁采臣这才放心了一点。他把刚才见到聂小倩的事说了一遍。说："燕兄，今天晚上我只好住在你的房间了，你得救我。"

"当然可以。"燕赤霞说，"我也想到了，今天晚上那吸血鬼会去害你。所以，你不来，我也会去找你过来。"

"啊呀，你要是再晚回来一会儿，我就死了。"宁采臣说。

"不会。那吸血鬼要到半夜才会出来。"

"原来这里的事你早就知道了呀！"宁采臣吃惊地说。

"对，我来这里就是为了找这个吸血鬼。"燕赤霞说。

“你认识这个吸血鬼？”

“这个吸血鬼原来在陕西（Shǎnxī），害了不少人。我师父知道以后，就派我去杀它，为民除害。可是那一次被它逃走了。我找了两年才找到它，原来它逃得这么远，来到了金华（Jīnhuá）。”

“燕兄原来是这么有本事（běnshi）的人，真是了不起！”宁采臣说。

“宁兄，你的为人也很了不起。要不是你一身正气，你早就和对面的那个书生一样死了。”

宁采臣说：“你想啊，那美女来跟你亲热干什么？她一定是想做什么。她白白送你金子干什么？不明不白的钱你拿了，就一定会有危险。”

“你说得对，很多人都明白这个，他们知道不应该做。可是真的事情一来，他们就管不住自己了，所以他们就这样死了。”燕赤霞说。

“这些人都很蠢（chǔn）。”宁采臣说。

“能管得住自己的人真的不多。”燕赤霞说。

“今天晚上那吸血鬼会来吗”宁采臣问。

“一定会来，可是它不一定会进屋子来，因为它害怕。”

“你会出去杀它吗？”

“我不用出去，就等它进来。”说着，燕赤霞把一个盒子（hézi）放在窗台（chuāngtái）上。

本事　běnshi　能力，有本事就是有能力。

“这是什么？”宁采臣问道。

“宁兄，你住在我的房间里不要紧。但是我的东西你千万不要因为好奇，就去拿，那些东西对你来说有危险。”燕赤霞说。

“好的，我知道了。我要是想看看，就一定事先跟你说。”宁采臣说。

说着，两个人各自躺下睡觉。

那燕赤霞一躺下就睡着了，一睡着就打呼噜（dǎ hūlu），声音非常大。宁采臣这才明白，怪不得前两天晚上睡觉的时候，总是听到一种奇怪的声音，原来那是燕赤霞在打呼噜。他笑了起来。

宁采臣一点都睡不着，一方面是因为燕赤霞打呼噜，另一方面是因为心里有些害怕，不知道今天晚上会发生什么事。躺在床上半天没有睡着，后来他就坐了起来。

到了半夜，宁采臣有点睡着的时候，忽然觉得窗前有黑影（yǐng）闪（shǎn）过。他一下子醒了，那是什么？

他坐起来看着窗户。过了一会儿，那黑影又闪了一下，非常快，一闪就不见了。窗外响（xiǎng）起了沙沙的声音，那是风吹过，院子里竹子和草的声音。

打呼噜　dǎ hūlu　睡觉的时候发出声音。
响　xiǎng　发出声音。

这一定是那吸血鬼。它一定看到了宁采臣的房间里没有人。可是燕赤霞的房间它又不敢进来。所以在外面飞来飞去。

要不要把燕赤霞叫醒?

把燕赤霞叫醒干什么呢?他说过，他不会出去杀吸血鬼。那吸血鬼又不敢进来，所以叫醒他也没有用。就让他接着睡吧。

那吸血鬼在窗外又闪了几次以后，外边就没有动静了。

天快亮的时候，宁采臣才睡着。

他醒来的时候，燕赤霞从外边进来。看到宁采臣醒了，就说:

“刚才我到外边去看了看，昨天晚上那吸血鬼来过了，它不敢进来。”

宁采臣赶紧坐了起来，把昨天晚上见到的情况说了一遍。

燕赤霞说:“那黑影就是吸血鬼。今天晚上它还会再来。”

“要是它还是不敢进来怎么办呢?”宁采臣说。

“是呀，得想个办法让它进来。”燕赤霞说。

过了一会儿，他悄悄地对宁采臣说:“这样吧，今天晚上你还睡在你的房间。”

宁采臣大吃一惊说："那怎么行？你睡觉睡得这么好。那吸血鬼进了我的房间，你一定不知道。只要一会儿，我的血就会被它吸干了，那时候你赶过来也没有用了。"

"你不用担心（dān xīn）。我把这个盒子放在你的窗台上，它一进来就会被杀死。"燕赤霞说。

"真的吗？"宁采臣说，"你的盒子里是什么？"

"是一把刀。"燕赤霞说。

"我可以看看吗？"宁采臣说。

"当然。"燕赤霞打开了盒子。

宁采臣一看，那盒子里放着一把小刀，可是很小，只有手指头（shǒuzhítou）那么长。

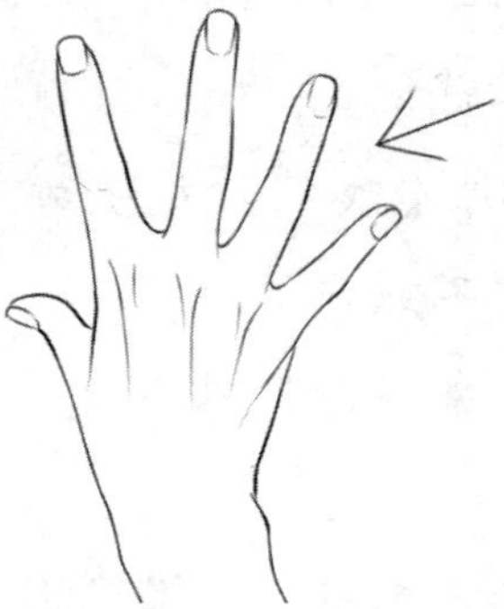

手指头 shǒuzhítou

"这么小的刀子能杀死它吗？"宁采臣问。

"这可不是一般的刀子，是我师父的宝贝（bǎobèi）。它有多么厉害（lìhai），今天晚上你一看就知道了。"

"那好吧。"宁采臣很相信燕赤霞，觉得他的办法

担心　dān xīn　因为害怕，有些着急。
宝贝　bǎobèi　特别贵重的东西。
厉害　lìhai　本事特别大。

可以试一试。可是再一想，又觉得不对，就说："把那刀放在我的屋里，你不是有危险了吗？"

"你不用替我担心，没有这把刀，那吸血鬼也不敢进我的屋子里。"燕赤霞说："那吸血鬼虽然害怕这把刀，可是它也不知道这把刀有多厉害。所以它有可能不怕危险进你的房间。"

"原来是这样。"宁采臣说，"那好，我们就这么办。"

宁采臣拿起东西又回了自己的房间。他从房间出来的时候，看见燕赤霞正在锁门。就问："燕兄，今天有事吗？"

燕赤霞说："我没有什么事，只是想出去走走。"

"今天我跟你一起走，我请你到城里去吃饭。"宁采臣说。

"那好，我们一起进城吧。"

两个人一起进了城。

他们回来的时候太阳快要下山了。走到寺院门口，宁采臣发现，门口木板上昨天刚写上去的那几个字："这里危险，不能住人"，又没有了，看不清楚写的是什么。他对燕赤霞说：

"你看，字又没有了。"

燕赤霞说："就是那吸血鬼干的。原来这寺院是有人的，好好的一个地方。自从吸血鬼来了以后，人都被它害死了，才成了现在这个样子。"

燕赤霞还没有说完，就见宁采臣转身往外走，就问："你去做什么？"

"我去找一根（gēn）棍子（gùnzi），今天晚上打那吸血鬼！"

燕赤霞笑了起来。木头棍子当然打不了吸血鬼，不过他喜欢宁采臣的正气。

过了一会儿宁采臣回来了，手里拿着一根棍子。

两个人坐在外面又聊了一会儿天。天渐渐黑了，燕赤霞到自己屋子里，把那个盒子拿到宁采臣的房间，放在西边的窗台上，他觉得吸血鬼很可能会从西边的窗户进来。

他跟宁采臣说："宁兄，不管发生什么情况，你都不要去打开这个盒子，千万不要去动它。"

"好的，你放心，我知道了。"宁采臣说。

燕赤霞走后，宁采臣锁上了房间的门，不一会儿就听见燕赤霞的呼噜声。宁采臣不敢睡觉，他知道吸血鬼肯定会来，不知道那时候会发生什么。所以他没有躺下，坐在床上，手里拿着那根棍子。可是因为昨天晚上没有睡好，所以过了一会儿，他的两眼就渐渐地闭了起来。他睡着了。

当宁采臣忽然醒来的时候，外边没有动静，是他自己不敢睡，惊醒了。他下了床，走过去看了看窗台上，那盒子还好好地放着，窗外有月亮，但是静静的。

他不知道这是什么时候了，也不知道那吸血鬼是来过了呢，还是还没有来。所以，就又回到床上坐着。

除了燕赤霞的呼噜声，整个寺院里没有别的声音。

忽然，风吹过来了，竹林又沙沙地响起来，宁采臣虽然在屋里，也感到有些冷。

来了！

宁采臣站了起来，手里拿着那根棍子，眼看着窗外。

果然，西边的窗外一个黑影（yǐng）闪（shǎn）了过去。过了一会儿，那个黑影又回来了。

跟昨天一样，吸血鬼在窗外飞了很久。它一定是害怕那盒子中的刀，所以不敢进屋。过了一会儿，它转到了屋子的东边，那儿也有窗户，是一个小小的石窗，这个窗户离那个盒子比较远。

它慢慢地接近窗户往里看，眼看就要进来了。宁采臣看见了它，心里害怕。他手里紧紧地拿住那根棍子，要是那吸血鬼进来，他就用棍子打它。

忽然一道白光（guāng）从盒子中飞出，穿过房间，飞向那吸血鬼。喀喇（kālā）一声，那白光一闪，然后就不见了。吸血鬼也不见了。

宁采臣很害怕，正要叫燕赤霞，这时燕赤霞过来了。

“怎么样？成了吗？”燕赤霞问道。

光　guāng　有了光才能看见东西，没有光就是黑暗。

宁采臣点着蜡烛，说：“一道白光闪过，喀喇一声，然后就什么都不见了。”

燕赤霞打开盒子，拿出那把小刀来看，又看了看东边的石窗，说：“又被它逃走了。要不是这窗户上的石头，这吸血鬼肯定就死了。”

“它没有死吗？那怎么办呢？”宁采臣有点着急。

“虽然它没有死，但是它受伤（shòu shāng）很重，没有几个月时间好不了。”

“现在能找到它吗？”

“不知道它逃到哪里去了，如果它不出来害人，就很难找到它。”

“那怎么办呢？”

“只好再等了。我们接着睡觉吧，现在没有危险了。”燕赤霞说着拿着他的盒子走了。

受伤　shòu shāng　身体的一些地方坏了，流血。

救救我

宁采臣锁上门，准备睡觉。刚想走过去吹蜡烛，忽然觉得屋里进来一个人。他吃惊地抬起头来看，又是聂小倩。

这是他第三次看见聂小倩。第一次是来害他，第二次是来救他。这次她来做什么呢？

"刚才我在外边，看到那吸血鬼受了重伤，逃走了。"聂小倩说。

"你知道它逃到哪里去了吗？"宁采臣问，他很希望燕赤霞能够一下子把吸血鬼杀死，这样它以后就不会去害人。

"不知道，它逃得非常快，一闪就不见了。"聂小倩心事重重地说。

"没有把它杀死，它伤好了以后还会去害人。"宁采臣说。

"是啊，我很害怕，它以后还会叫我去干害人的事。宁先生，我掉进了黑暗（hēi'àn）无边的苦海（kǔhǎi）。您救救我吧。"

"我怎么救你呢？"宁采臣问，他非常同情聂小倩。

"如果你能把我的骨头带到一个清净的地方埋好，我可能能躲开这个吸血鬼。我真的非常感谢你。"聂小倩说。

黑暗　hēi'àn　很黑，很黑。
苦海　kǔhǎi　痛苦的生活像海一样大，没有完的时候。

宁采臣觉得这很容易做到，就答应了她。

宁采臣问她的墓在哪里，她说："寺院后边的墓地里，有一棵树上有鸟窝（niǎowō），那下面的墓就是。"

"好，我回家的时候一定把你带走。"

"我相信您，谢谢您。"说完，聂小倩就不见了。

天亮以后，宁采臣把聂小倩的事跟燕赤霞说了。燕赤霞也说那女孩真的很可怜（kělián），是应该帮她。

回到自己的房间，宁采臣想，自己到金华已经好几天了，那个老大夫应该回来了。所以上午他就赶紧进城了。

果然，那老大夫已经回来了，他跟大夫说好，第二天一起坐船去富阳。

从城里回来的时候，他带回来一把铁锹（tiěqiāo），和一个小箱子（xiāngzi）。

铁锹 tiěqiāo

小箱子 xiāngzi

可怜 kělián 很苦，使人同情。

他拿着铁锹，来到寺院后边的墓地，找到了那棵有鸟窝的树，下面有一个墓上面写着“聂小倩之(zhī)墓”。

挖(wā)开了墓，他把墓中的骨头很小心地拿出来，用一块布(bù)包好，然后放在那个小箱子里，带回了自己的房间。

太阳快下山的时候，燕赤霞回来了，手里拿着一些东西。

宁采臣说：“燕兄，我明天一早就要回去了，家里还有病妻等着医生看病。要不然真想跟你多住几天。”

燕赤霞说：“我知道你要回去了，所以特地到城里去买了一些酒和菜，为你送行。”说着拿出一瓶酒来。

两个人坐在院子里喝酒。燕赤霞说：“吸血鬼逃走了，我要去找它，所以明天我也要离开这里。”

“你到哪里去找它呢？”

“不知道，现在只知道一个方向。可能它不会逃得太远。”

宁采臣忽然说：“燕兄，你为民除害，是一个了不起的人，我想跟你学习，你能不能教我？”

燕赤霞说：“像你这样一身正气的人，是可以学的。可是每个人到这世界上来，都有自己要做的事。你要做的事跟我不一样，你不是干这个事的人。”

宁采臣说：“这你也能看出来？”

聂小倩之墓

“当然。”

“那我是干什么的呢？”宁采臣问。他觉得燕赤霞什么都知道。

“你以后要做官。”燕赤霞说。

“是吗？假如我能当官，我一定为老百姓多做一些好事，我这一生就没有白活。”宁采臣说出了自己的心里话。

“说得对，做人就应该这样。你做官也可以为民除害。现在坏官太多了，他们就像那个吸血鬼一样，老百姓常常要受苦（shòu kǔ）。”燕赤霞说。

“真是这样啊。”

“宁兄，你回去以后要小心。如果我找不到那吸血鬼，它伤好以后一定会去找你。”

宁采臣大吃一惊，说：“它为什么还要去找我？跟着我干什么？”

“因为聂小倩。它还会去找聂小倩，要聂小倩去为它害人。”

“那不行，这姑娘很可怜。我不能不救她。”宁采臣急了。他着急的原因，不是因为那吸血鬼要去找他，是觉得自己是个一般人，打不过那个吸血鬼，那样聂小倩又会回到吸血鬼手中了。

受苦　shòu kǔ　遭受苦难。

“你不用着急，我来帮你。”燕赤霞说着拿出一个皮口袋（pí kǒudai）来。

皮口袋 pí kǒudai

“这是什么？”

“这也是我师父的宝贝。”

“这个口袋能杀死吸血鬼吗？”宁采臣问。

“对，你把它拿回家，挂（guà）在墙上就行。”

“挂在墙上，吸血鬼就不敢进屋了吗？”

“一开始它一定是不敢进屋，可是以后它还会进屋去抓聂小倩。”

“那怎么办？”宁采臣急了。

“只要它一进屋子，就会被吸进这个袋子，它就死了。”燕赤霞肯定地说。

“原来这个袋子这么厉害。”宁采臣拿起袋子看了看，袋子已经很旧，看来看去没有发现什么特别的地方。

“多谢燕兄借我这么厉害的宝贝，可是我以后怎么还你呢？”

“到时候我会去找你。”

“好，能再见到燕兄真是太高兴了。我在家等你。”宁采臣高兴地说。

回家

第二天一大早，宁采臣就拿上自己的东西和那个小箱子，离开了宝光寺，进城去找那个老大夫。

他没有去跟燕赤霞说再见，因为看他还在睡觉，不想这么早就把他叫醒。

从金华坐船到富阳，船走得比较快，经过一天一夜时间，就到了富阳。

大夫给他妻子看过了病，开好了药方。宁采臣把大夫送上回金华的船以后，就开始找地方，要为聂小倩建（jiàn）一个新墓。

宁采臣的家在富阳城外，在离他家不远的小山上有他家的一块地。这个地方不错，从他书房的窗口，可以看见那里，就好像在自己的窗外一样。他决定把墓建在小山上。

他请了一些人来建好了墓，然后他拿起一杯（bēi）酒，在墓前说："聂小姐，我把你埋在我的书房外，这里不会有恶鬼来。这一杯酒是我的心意，请你把它喝了吧。"说着就把酒倒（dào）在了墓前的地上。

聂小倩请他办的事，他办好了。他转过身来往家里走。

忽然听见后面有人说话："宁公子（gōngzǐ），您等一等我。"

建　jiàn　做一个房子、桥、墓等。
倒　dào　让杯子里的水或酒，流出杯子外。
公子　gōngzǐ　对年轻的读书人的称呼。

他觉得奇怪，刚才这个地方明明只有自己一个人，怎么会有人说话？她回头一看，没想到是聂小倩。

“啊呀，是你呀？”宁采臣非常吃惊。

“是我。宁公子，谢谢您救我。您对我这么好，我怎么感谢你呢？”聂小倩说。

宁采臣以前几次看见聂小倩都是在晚上，看得不太清楚。今天是白天，他发现那聂小倩这么漂亮，再加上她今天高兴，笑嘻（xī）嘻的，看起来更加可爱。

“现在是白天，你怎么也能出来了，我听说鬼只有晚上才能出来。”宁采臣看到聂小倩，也觉得像是见到了朋友。

“是的。多数情况是这样。但是也有特别的情况，我就是特别的情况。”聂小倩仍然笑嘻嘻地说，她没有说为什么她是特别的情况。

“是吗？”

“我到您家去行不行？我想去见见您的母亲。”聂小倩说。

“那好，我们走吧。”

到了家门口，宁采臣不敢马上把她带进家里，叫她在外边等一会儿。自己先进去见母亲，他把聂小倩的故事说了一遍。

母亲听了感到很吃惊，有这样的事？不过，她知道自己的儿子，相信儿子的话是真的。

当时，宁采臣的妻子已经病了很长时间。母亲叫宁采臣小心，不要让病人知道。他们母子两人正说着话，聂小倩已经悄悄进了屋，跪（guì）在地上拜（bài）见宁采臣的母亲。

宁采臣连忙说："这就是聂小倩。"

宁母惊慌地看了看她，心里很害怕。看了一会儿，觉得这个鬼跟人好像没什么两样。胆子才大了起来，说："你别跪着，站起来说话吧。"

聂小倩站起来说："我孤零零（gūlínglíng）的一个人，远离父母，被恶鬼欺负（qīfu）。幸好遇到了宁公子，救了我。所以我愿意在您家，照顾（zhàogu）您和公子。家里的事，我都会做。"

宁母上上下下地看了看。这个聂小倩跟以前人家说的那种鬼完全不一样，她的样子看起来那么可爱。

可是要把一个鬼留在家里，她心里还是有点害怕。

这时候宁采臣说："妈，就把她留下来吧，帮您做点事。"

聂小倩又说："我知道，宁公子已经有了妻子。那么，我叫他哥哥好不好？那样我就可以叫您'妈'了。我什么时候都听您老人家的话。"

孤零零　gūlínglíng　只有一个人，没有亲人，也没有朋友。
欺负　qīfu　被坏人打骂，去做自己不愿意做的事等等。
照顾　zhàogu　为老人、孩子、病人做事。

宁母原来还是拿不定主意，听她这么一说，心里不能不高兴。老太太从年轻的时候就希望有一个女儿，可是她只生了一个儿子。现在来了一个这么可爱的女儿，心里当然高兴，就答应让小倩留在家里了。

小倩说："那我去看看嫂子（sǎozi）。"

宁母连忙说："不行，不行。你嫂子她有病躺在床上，你去看她不好。你就别去看了。她的房间你不要进去。"

聂小倩说："好，妈，我听您的。"

说着她就去做饭了。她在宁采臣家高高兴兴地进进出出，走来走去，忙这忙那，像来了很长时间一样。

吃过晚饭，天黑了。那时候的人晚上睡得早，多数人家天一黑就睡觉了。宁家除了宁采臣点上灯还要看一会儿书以外，别人也睡得很早。

宁母看着聂小倩，心里很为难：家里没有地方让聂小倩睡。要是晚上让聂小倩睡在自己的房间里，她还是害怕。怎么办呢？只好让她回去了。

"小倩，晚上了，你回去吧。"老太太说。

回去？回到那冷冷的、黑黑的墓里？

现在新的墓地虽然没有恶鬼，可是她也不喜欢，她不想去那儿。

聂小倩知道老太太还是害怕自己。唉（ài），这也

嫂子　sǎozi　哥哥的妻子。

难怪，她跟老太太刚刚认识，等以后时间长了就好了。她没有办法，虽然不愿意，也只好离开老太太的房间。

经过宁采臣的书房时，她想进去。可是走到门口她站住了，她不敢进去。

宁采臣说："进来吧。"

"我不敢进去，你房间里墙上挂着的口袋很厉害，我害怕。从金华回来的路上，我不敢见你也是因为这个口袋。"聂小倩说。

宁采臣这才想起来，他一回家就把燕赤霞的口袋挂在墙上了。所以就赶紧走过去，把口袋拿了下来，放到了别的地方。

聂小倩这才进了他的书房，在灯下坐了下来，说："哥，你晚上读什么书？我小时候也读过一些书，以后你读书我也来读书，好不好？不懂的地方你教我。"

"好啊。"宁采臣说。

聂小倩就在宁采臣的书房里找自己喜欢的书。拿着一本书读了起来。时间过得很快，不知不觉已经二更天了。宁采臣想睡觉了，可是聂小倩仍然坐在那里，一点走的意思都没有。

她为什么不走？

宁采臣忽然明白了。啊呀，晚上叫聂小倩去哪里呀？自己已经让她留在家里了，难道每天晚上还叫她回到墓地去吗？那样当然不对，她现在跟人一样，我怎么能再叫她回到墓里去？

可是，让她在哪里过夜呢？现在家里没有房间让她住。

“哥，我可不回墓地去呀，那里虽然没有恶鬼，但是我也害怕。”聂小倩说。

“好，好。不回去，不回去。”

“我在你的书房里过夜行不行？”聂小倩说。

“不行，不行。”宁采臣连忙说。自从妻子生病以后，宁采臣就睡在书房里了。让她跟自己一起在书房过夜那怎么行？

“这样吧，”宁采臣说，“你在客厅（kètīng）里过夜好不好？”

“客厅啊？”聂小倩好像不太愿意。

两个人拿着灯来到了客厅。客厅里没有床。

宁采臣把几把椅子搬到客厅的一边，放在一起，就成了一张床，又拿过来被子放在椅子上，说：“今天晚上只好让你睡在这里了。这样的床睡着当然不太舒服，明天我给你找几块木板来。”

“好吧。谢谢你，哥。”聂小倩叫“哥”叫得很亲热，她太需要亲人的关心了。睡在客厅比回到墓地去当然好得多了。

客厅 kètīng 客人来时坐的房间。

第二天，小倩一早就起床了。拿水给宁采臣的母亲洗脸，接着就做早饭，家里的事里里外外忙个不停，样样都做得合（hé）老太太的心意（xīnyì），老太太觉得很喜欢。

自从宁采臣的妻子病了以后，老太太就不得不一个人做家里所有的事，还要照顾病人，老太太觉得很累。聂小倩来了以后，老太太就不那么累了。所以小倩睡在客厅里老太太也没有说什么。

就这样，白天小倩帮老太太做事，天黑以后就到宁采臣的书房里去读书，二更以后，去客厅睡觉。每天都是这样。

天长日久，老太太对小倩越来越喜欢了，她对小倩也越来越疼爱。渐渐地不再怕她，多数时候都忘了她是一个鬼。她在自己的房间里加了一张床，晚上叫小倩睡在自己的房间里。

小倩刚来的时候，不吃东西，也不喝水。后来才渐渐地开始吃一点东西，再以后就越来越跟一般人一样了。宁采臣母子都很喜欢她，从来不说她是鬼。

合心意 hé xīnyì 跟自己想的一样。

后来的事

宁采臣回家以后，过了半年时间，他的妻子病得越来越重了。金华的那个老大夫也没能治好她的病，吃什么药都没有用，她还是死了。

又过了几个月，媒人（méiren）们知道宁采臣死了媳妇（xífu），现在单身，就找上门来，要给他介绍媳妇。

她们跟宁采臣的母亲说，谁谁家的姑娘怎么怎么好，或谁谁家的姑娘长得怎么怎么漂亮，等等。

每一次媒人来过以后，老太太都会问问儿子，这一家行不行？可是每一次宁采臣都说不行。

老太太急了，跟儿子说："你要早点再娶（qǔ）个媳妇，生几个儿子，你们宁家才会有后代（hòudài）。你一个读书人应该知道这个。"

宁采臣虽然几年前就成亲了，可是妻子生病，没有生孩子，所以，老太太很着急。

宁采臣说："妈，您别着急，再过一年多就是考试年，我现在正忙着准备去赶考呢，等我考中进士再说吧。"

"啊呀，考试是考试，娶妻是娶妻，两回事啊。"母亲仍然很着急。

媒人　méiren　为别人介绍结婚对象的人。
媳妇　xífu　口语，妻子。
娶　qǔ　男人结婚就是娶。
后代　hòudài　儿子、孙子等等。

在这家里最着急的不是老太太，是聂小倩。

聂小倩对宁采臣早就有意思了，她非常喜欢宁采臣。到宁家快一年了，两个人天天在一起，特别是晚上读书聊天，两个人很合得来，所以感情越来越好。她当然希望宁采臣娶自己，不是娶别人。要是娶了别人，她还能在这个家住下去吗？要是不能住在宁家，她去哪里呢？回到墓里去吗？她害怕得不敢往下想。

她知道宁采臣喜欢自己，老太太也喜欢自己。但是因为自己是鬼，宁采臣心里还拿不定主意。老太太以为她不能生孩子，所以没有想过要娶她当儿媳妇。

她必须让老太太知道，她也能生孩子。所以她跟老太太说：

"妈，您看我现在是不是跟以前不一样了？"

"是呀，以前你走起路来轻轻的，没有声音。现在跟我们差不多了，有一次我听到你的头碰在门上，'咚(dōng)'的一声，声音很大。"

"那一次碰得我很疼。以前，门关着我也能进去，现在不行了。"

"还有啊，你刚来的时候不吃饭，问你饿不饿，你总说不饿。现在你吃得越来越多了。"

"是，我有时候会觉得饿，想吃东西。"

"我觉得这是好事，你跟我们一样了。"

"妈，我刚来一年时间。再过一年，我就跟你们完全一样了。"

“是吗？那多好。”老太太很高兴。

“妈，我喜欢我哥。您能不能不让媒人来。我不喜欢她们。”聂小倩说出了最重要的话。

“……”老太太看着她，不知道应该说什么。她真的非常喜欢小倩，别人家的姑娘谁都不会比小倩更好。唉（ài），要是她是一个人多好啊。

“妈，我知道哥也喜欢我，她不会娶别人的。”小倩说。

“可是，宁家不能没有后代呀。”老太太说。

“再过一年，我也能生孩子了。”小倩说。

“真的吗？”老太太还是不能完全相信。

“是，我会给您生几个孙子的。”小倩很有信心。

老太太虽然还不是很相信，但是觉得这事说不定有可能，小倩现在不是越来越像一个正常人了吗？再看一年也没什么。

“那太好了，我就叫媒人不要来了。”老太太高兴地说。

从那以后，每次吃饭的时候，老太太都要让小倩多吃，小倩常常因为吃得太多，觉得不舒服。

小倩真的越来越跟正常的人一样了，脸色很好。老太太摸摸小倩身上，也是跟正常人没有两样。

又过了一年，老太太决定让小倩当自己的儿媳妇。定下一个日子，让儿子跟小倩成亲。

成亲那一天，宁家请亲戚朋友们来喝喜酒。

那一天小倩穿着新娘的红衣服，大大方方地出来见客人。亲友们一看都很吃惊，穿着新娘衣服的小倩今天更加漂亮。没有人会想到她是鬼，人们都觉得她像是天仙（tiānxiān）。亲戚朋友们都说宁采臣娶了一个好媳妇。

从这一天开始，小倩不用跟老太太睡在一个屋里了，她跟宁采臣住进了新房。想起以前在金华时痛苦的日子，现在有这么好的结果，她哭了起来。

"小倩，你怎么了？"宁采臣关心地问。

"没什么，我高兴的。"

宁采臣看着聂小倩，眼前的聂小倩完全跟人一样。他不明白小倩怎么能慢慢地从鬼变成人呢？这是怎么回事？这时候他又想起了燕赤霞，他想，这事燕赤霞一定知道。

这时候燕赤霞在哪里呢？

两个人成亲以后不久，宁采臣就要到京城去考试。那时候京城在北京，从浙江富阳到北京路很远，有两三千里路。来回要两个多月时间。出这样的远门可真不容易。

小倩为采臣准备好了行李。她虽然很不愿意丈夫

天仙　tiānxiān　天上的仙女，形容小倩长得漂亮。

囍

离开自己，可是还是把丈夫送上了船。

宁采臣走了，聂小倩觉得日子过得非常慢。她一天一天地数着日子，好容易快要两个月了，采臣该回来了。

有一天，小倩忽然觉得心里发慌。这一天她觉得很不舒服，坐着不舒服，躺着也不舒服。她不知道是怎么回事，以为自己病了。

后来忽然想到，是不是有什么坏事要来了呢？

这么一想，她大吃一惊，一定是那吸血鬼知道了她在富阳，要找来了。所以，她的身体有了感觉。这两年她的日子过得很幸福，已经把这件事忘了。

啊呀，这可怎么办呢？聂小倩害怕得不知道怎么办好。

那个吸血鬼两年前为什么没有被杀死呢？现在它的伤好了，一定在到处找她。两年前有燕赤霞，可是现在到哪儿去找燕赤霞呢？

小倩心里害怕，这样的坏事她又不敢告诉婆婆(pópo)。要是采臣在家里就好了，采臣怎么还不回来呢？

这一天白天很快过去了，不知不觉地天黑了下来。

正在小倩心急上火的时候，忽然，她想起来了。她刚来的那一天，书房的墙上挂着一个口袋。口袋是

婆婆　pópo　丈夫的母亲。

燕赤霞给采臣的，那个口袋非常厉害，让她觉得很害怕，她不敢进书房。后来采臣把口袋藏了起来。

这个口袋可以对付吸血鬼。

这个口袋呢？采臣把它藏在哪儿了？

于是她开始找这个口袋。可是找来找去没有找到，到处都没有。她急得哭了起来。

正在这个时候，院子外边响起了敲门声。

啊呀，不好，吸血鬼来了！

小倩吓得不知道怎么办。坏了，怎么这么早就来了呢？以前那吸血鬼一般要到半夜才会出来呀。

不对呀，吸血鬼要是来了，敲门干什么？不用敲门它就进来了。

这么说，敲门的肯定不是吸血鬼。

可是小倩还是不敢去开门。

“咚（dōng）、咚、咚。”门又敲了三下，接着有人说话：“小倩，我回来了，开门。”

是采臣回来了。

小倩高兴得跳了起来，赶紧跑出去开大门。婆婆也拿着灯出来了。两个人打开门，把采臣接了进来。

宁采臣刚刚进家门，小倩就慌（huāng）慌张（zhāng）张地说：“口袋，口袋，你那个口袋呢？”

慌张　huāngzhāng　心里很着急，不知道怎么办。

宁采臣母子两人不知道她在说什么。老太太心想，今天这孩子是怎么了，这一天都慌慌张张的。丈夫回来了，也不让他吃饭喝水，一进门就问什么口袋。

“什么口袋呀？”宁采臣说。

“燕赤霞给你的那个口袋。”小倩这么一说，宁采臣明白了。

“我藏着呢。”

“快，快找出来。”

“那个吸血鬼要来了吗？”宁采臣也紧张（jǐnzhāng）起来。

“是，可能是。我今天一天都觉得心慌，感觉很不好。刚才我找那个口袋，可是找来找去都找不到，我都急死了。”

“好，好。你别着急，我马上去找出来。”宁采臣知道事情很紧急，要不然小倩不会这么慌慌张张的。

宁采臣把那个口袋藏在哪儿了呢？小倩怎么会找不到？

原来他把口袋放在一个瓶子里，埋在地下了。

“你怎么把它埋在地下呢？”小倩说。

“不管把这口袋放在哪个屋，你都会觉得不舒服，所以我只好把它埋在地下了。”宁采臣一边挖地，一边说。

紧张 jǐnzhāng 有点害怕。

口袋找到了，小倩说："我现在跟正常人一样了，应该不会再害怕。你拿出来给我看看。"

宁采臣把口袋递了过去。这是一个皮口袋，已经很旧了，没有特别的地方。

小倩看了一下口袋，赶紧放了手，说："这个口袋真厉害，我现在看到它心里还是有点害怕。"

"把它挂在哪儿呢？"宁采臣说。

"挂在床头吧。"小倩说。

宁采臣就把它挂在了床头的墙上。口袋挂好了，小倩才觉得放心了一些。跟婆婆一起去给宁采臣做饭。

宁采臣吃完饭，洗完脸、洗完脚，已经二更多了，差不多快要到半夜。如果吸血鬼要来，可能就在这个时候。

今天晚上它会来吗？

两个人吹了灯，坐在床上不敢睡觉，宁采臣手里拿着棍子，眼看着窗外。

坐了一会儿，宁采臣因为一路上累了，所以不知不觉睡着了。

小倩仍然张大眼看着窗外。忽然，外边响起了风声，那风声呜（wū）呜的，听起来很怕人。

吸血鬼果然来了，小倩紧紧拉着丈夫的手。

这么一拉，宁采臣醒了，张开眼来问："来了吗？"

"来了，来了。"小倩害怕地说。

宁采臣连忙坐起来，把小倩拉到自己的身后。

窗外忽然一个黑影闪过。接着这个黑影又回到窗口，但是很快又离开了。吸血鬼肯定看见了挂在床头的那个皮口袋，有些害怕，在外边想要不要进来。

它在外边飞过来飞过去好一会儿，然后就不见了。

四面一下子变得非常静，一点声音都没有了。

宁采臣想，难道它走了吗？

忽然，哗啦（huālā）一声响，桌子上和书架上的东西都掉到了地上，那吸血鬼进了屋子。

宁采臣看不清吸血鬼的样子，只觉得风吹过来，自己张不开眼。眼看着它就要抓到自己了，宁采臣举起手里的棍子，正要打下去。

忽然，挂在床头的那个口袋张开（zhāngkāi）了，一道白光（guāng）从口袋里飞出，嗖（sōu）的一声，抓住了吸血鬼。然后"哗啦"一下，白光飞回到口袋里，口袋又合（hé）了起来。

吸血鬼不见了。屋子里又变得很静。一点声音、一点风都没有了。

宁采臣在床上坐了一会儿，心里还是不太相信，难道那吸血鬼死了吗？这么快？

张开 zhāngkāi 原来合起来的，现在放开了。如：张开嘴，张开眼，张开口袋等。

合 hé 跟张开相反，闭上，两部分合在一起了。

小倩高兴地说："好了，没事了。吸血鬼被吸进了口袋，它死了。"

宁采臣下床来，走到桌子边摸来摸去。

"你找什么？"小倩问。

"我找火石（huǒshí），想点灯。"采臣说。

桌子上的东西刚才都掉到了地上，火石不知道掉在哪儿了，屋里很黑，他找来找去找不到。

厨房（chúfáng）也有火石，小倩摸着黑到厨房去，点上了灯。她回到房间，帮着宁采臣把地上的东西一件一件捡起来放好。看看那个皮口袋，还跟原来一样挂在床头，好像什么都没有发生过。

小倩忽然想起来，有一件事情她还不知道。

"你考中了没有？"她问。

"考中了，考中了。原来我想一进门就告诉你们的，可是后来就忘了。"

"那赶快去告诉妈，也好让她高兴高兴。"小倩说。

"妈已经知道了，吃饭的时候我告诉她的。"宁采臣说，"我告诉你呀，我差一点要过几天才能回来，这事我现在想起来真后怕。"

"你为什么还要过几天才能回来？"

"考中的那些人都高兴得不得了。你想，考中了

火石　huǒshí　古代用来打火的石头。
厨房　chúfáng　做饭的房间。

多不容易呀。都说要在北京玩几天。他们拉着我，不让我回来。我当时想，好容易来一次北京，真应该玩几天。”

“后来你为什么没有玩呢？”小倩问。

“那一天不知道为什么，我心里忽然特别想家，就赶紧回来了。你想想，要是我晚回来一天，你又找不到那个口袋，那会是什么结果？”

“是呀，当时我都急得哭起来了，幸好你回来了。”

这一个晚上，他们两个高兴得都睡不着。

第二天早上，他们刚刚起床，外边就响起了敲门声。宁采臣开门一看，没想到是燕赤霞。他喜出望外，拉着燕赤霞的手说：“啊呀，燕兄是你呀。我正在想你，你就来了。”

原来，一年前燕赤霞又找到了吸血鬼，他就跟着它。几次要抓它，都被它逃走了。这一次吸血鬼来到富阳，燕赤霞知道，它要对宁采臣和聂小倩下手，所以就跟着到了宁家。昨天晚上吸血鬼被吸进口袋，他都看见了。

宁采臣一边感谢燕赤霞，一边把昨天晚上的事说了一遍，两个老朋友见了面，特别高兴，话也更加多。

小倩赶紧上街买了好酒和好菜，然后跟婆婆一起做了一桌好菜，请燕赤霞在家里吃饭。她真的非常感谢燕赤霞，要不是燕赤霞，她不会有今天。

吃完饭，燕赤霞说他要走了。

宁采臣不高兴地说："你说什么？我们好容易见一次面，你还不多住几天？我家有地方住，你可以住在我的书房里。我也好带你看看我们富阳的山水。"

燕赤霞说："吸血鬼死了，我的事办完了，我必须赶快回去告诉师父。"

宁采臣没有办法，只好去把皮口袋拿出来，说："燕兄，你的宝贝我还给你，多谢你救了我们夫妻。"

燕赤霞把口袋打开一点看了看，赶快就合了起来。

宁采臣很好奇地问："口袋里有什么？我可以看一看吗？"

燕赤霞说："你还是不要看了，对你的身体不好。"

燕赤霞要走了，宁采臣没办法，只好送燕赤霞上了船。

船开走了，宁采臣忽然想起来，他忘了问燕赤霞一件事情：小倩怎么能从一个鬼变成一个人呢？

可是船已经渐渐地远去了。宁采臣心想，只好等以后见到他的时候再问他了。

可是，从那以后他再也没有见到过燕赤霞。

宁采臣后来当了官，他到过河北、河南、陕西、山西等地。他当官不但自己清正，努力为当地老百姓办事，还抓了一些像吸血鬼一样的坏人，所以老百姓都很喜欢他。

虽然他每到一个地方都要打听燕赤霞的消息

（xiāoxi），可是一点消息都没有。连他在陕西的时候，都没有找到燕赤霞。这让他觉得非常遗憾（yíhàn）。

聂小倩后来真的能生孩子，她生了三个儿子。

消息 xiāoxi 现在情况怎么样等等。

遗憾 yíhàn 觉得不满意，不好。

生词表

生词	拼音	页码
	B	
宝贝	bǎobèi	48
报官	bào guān	25
本事	běnshi	45
脖子	bózi	25
不舒服	bù shūfu	14
	C	
藏	cáng	36
茶馆	cháguǎn	2
厨房	chúfáng	85
船	chuán	5
蠢	chǔn	18
	D	
打呼噜	dǎ hūlu	46
戴	dài	9
担心	dān xīn	48
胆子大	dǎnzi dà	34
倒	dào	64
洞	dòng	32
躲	duǒ	40
	E	
恶鬼	èguǐ	2
	F	
方便	fāngbiàn	16
	G	
敢	gǎn	40
告示	gàoshi	30
公子	gōngzǐ	64
孤零零	gūlínglíng	66
骨头	gǔtou	37
故事	gùshi	1
官	guān	4
官府	guānfǔ	27
光	guāng	51
鬼	guǐ	1
	H	
合	hé	83

附录：第一级500字表

A

啊　爱

B

八　把　爸　吧　白　百　般　搬　半　办　帮　包　北

被　备　比　必　闭　边　变　遍　别　病　不

C

才　菜　草　差　常　长　场　唱　车　城　成　吃　出

楚　处　穿　窗　床　春　除　次　从　吹　村　错

D

答　打　大　带　袋　单　但　当　刀　到　道　得　的

灯　等　低　底　地　弟　第　递　点　店　掉　定　丢

东　冬　懂　动　都　读　断　对　多

E

饿　儿　二

F

发　法　烦　饭　方　房　放　非　飞　分　风　夫　服

福　父　附

G

该 赶 感 干 刚 高 搞 告 哥 歌 个 各 给

跟 更 工 共 够 姑 贵 关 惯 怪 管 国 果

过

H

孩 海 害 喊 好 喝 和 河 黑 很 恨 红 后

候 忽 湖 户 互 花 画 话 坏 欢 还 黄 慌

回 会 婚 活 火 或

J

鸡 急 几 己 家 加 假 间 简 捡 见 件 渐

讲 交 教 脚 较 叫 街 接 结 姐 借 斤 今

紧 进 近 经 惊 净 静 久 九 酒 旧 就 救

举 觉 决

K

开 看 棵 可 渴 肯 空 口 哭 快 块

L

拉 来 蓝 老 乐 累 冷 离 里 力 脸 练 两

亮 连 了 林 留 流 六 楼 路 绿 乱 落

M

妈 马 麻 骂 吗 买 卖 慢 忙 么 没 每 妹

门 们 面 民 明 名 木 摸 母

N

拿 哪 那 奶 南 男 难 呢 能 你 年 娘 您

牛 农 努 女

P

爬 怕 派 旁 跑 朋 碰 骗 漂 平 瓶 破

Q

七 妻 骑 奇 起 气 千 钱 前 墙 抢 悄 敲

桥 亲 轻 清 情 请 秋 去 全

R

然 让 热 人 扔 仍 日 容 如

S

三 色 杀 山 上 少 身 声 生 胜 师 湿 十

时 什 食 使 始 事 是 试 收 手 书 树 数

摔 谁 水 睡 说 思 死 四 送 诉 虽 岁 所

T

他 它 她 抬 太 躺 逃 特 疼 提 体 替 天

条 跳 听 停 同 头 推 腿

W

外 玩 完 晚 万 往 忘 望 危 为 位 问 我

屋 无 五 午

X

西 希 习 喜 洗 系 息 下 夏 先 险 现 相

想 像 向 小 笑 些 鞋 写 谢 新 心 信 醒

兴 行 姓 幸 休 须 需 学

Y

呀 眼 阳 样 药 要 也 夜 一 医 衣 椅 已

以 易 意 因 音 应 用 有 友 又 雨 于 遇

原 远 愿 月 越

Z

再 在 早 怎 站 丈 找 这 真 正 知 只 纸

中 种 重 主 助 住 抓 转 准 桌 着 子 自

字 总 走 最 昨 做 作 坐

图书在版编目（CIP）数据

聂小倩 / 陈贤纯编著. — 北京：北京语言大学出版社，2014.12（2017.5重印）

（学汉语分级读物. 第1级：民间故事）

ISBN 978-7-5619-4061-7

Ⅰ. ①聂… Ⅱ. ①陈… Ⅲ. ①汉语—对外汉语教学—语言读物 Ⅳ. ①H195.5

中国版本图书馆CIP数据核字（2014）第292952号

书　　名：聂小倩 NIE XIAOQIAN
项目负责：刘艳芬
插图绘制：图德艺术　西吉文化　　装帧设计：张　喆　李　佳
责任编辑：唐琪佳　王宇明　　责任印制：姜正周

出版发行：北京语言大学出版社
社　　址：北京市海淀区学院路 15 号　　邮政编码：100083
网　　址：www.blcup.com
编 辑 部：8610-8230 3647/3592/3395
国内发行：8610-8230 3650/3591/3648
海外发行：8610-8230 0309/3365/3080
读者服务部：8610-8230 3653
网上订购：8610-8230 3908　客户服务信箱：service@blcup.com
印　　刷：北京中科印刷有限公司
经　　销：全国新华书店

版　　次：2014 年 12 月第 1 版　　2017 年 5 月第 3 次印刷
开　　本：850 毫米 × 1168 毫米　1/32　印张：3.5
字　　数：47 千字
书　　号：ISBN 978-7-5619-4061-7 / H · 14337
定　　价：29.00 元